# MODE D'EMPLOI

1 Réfléchissez, faites votre plan de jeu.

2 Cherchez le bon maniement de couleur.

3 Choisissez une des 3 réponses.

4 Lisez la solution et le conseil pratique.

5 Calculez votre score après chaque série de 5 tests.

Achevé d'imprimer sur les presses de
l'Imprimerie Hérissey à Évreux (Eure) – N° 68105
Dépôt légal : Août 1992


ISBN 2 268 01347 2

# TESTS 1 A 5

# MANIEMENTS CLASSIQUES

★

# TEST N°1

♠ R 5
♥ R 9 7 2
♦ V 9 6 4
♣ A 8 4

| | N | |
|---|---|---|
| O | | E |
| | S | |

♠ 7 4
♥ D V 10 8 3
♦ A R 7 2
♣ R 5

## VOUS JOUEZ 4 ♥ EN SUD

Ouest entame du Valet de ♠, pour le Roi et l'As d'Est qui rejoue Dame de ♠, suivi d'un petit ♥. Après avoir enlevé les atouts adverses. ⇨

## QUELLE EST VOTRE LIGNE DE JEU ?

| | | |
|---|---|---|
| 1 | Valet de ♦ du mort | |
| 2 | As – Roi de ♦ en tête | |
| 3 | Coup de sonde et V de ♦ du mort | |

# RÉPONSE

| TEST n°1 | |
|---|---|
| ① = | 7 |
| ② = | 20 |
| ③ = | 10 |

| | | |
|---|---|---|
| | ♠ R 5<br>♥ R 9 7 2<br>♦ V 9 6 4<br>♣ A 8 4 | |
| ♠ V 10 9 8 3<br>♥ A 4<br>♦ 10 5 3<br>♣ D 10 7 | N<br>O E<br>S | ♠ A D 6 2<br>♥ 6 5<br>♦ D 8<br>♣ V 9 6 3 2 |
| | ♠ 7 4<br>♥ D V 10 8 3<br>♦ A R 7 2<br>♣ R 5 | |

Vous avez déjà perdu trois levées : deux à ♠ et l'As d'atout. Ne pouvant plus perdre de levée vous devez trouver le maniement de couleur qui vous permette de faire toutes les levées à ♦. Sans le 10, c'est-à-dire l'honneur immédiatement « en dessous » du Valet vous ne pouvez pas faire l'impasse en partant du Valet.

Voici le bon maniement :
*Tirez As et Roi de ♦ en tête et vous ferez toutes les levées à ♦ si la Dame est seconde en Ouest ou en Est.*
Si Est possédait au départ la Dame sèche à ♦, il aurait contre-attaqué ♦ à la troisième levée pour une de chute.

## LE CONSEIL PRATIQUE

*Evitez le gaspillage.* Ne jouez pas un honneur sans avoir l'honneur en-dessous.

# TEST N° 2

| | |
|---|---|
| | ♠ A 8 2 |
| | ♥ A V 10 6 4 3 |
| | ♦ D 5 |
| | ♣ 7 4 |
| | N |
| | O E |
| | S |
| | ♠ R D 6 3 |
| | ♥ D 5 |
| | ♦ R 8 |
| | ♣ R D 8 5 3 |

## VOUS JOUEZ 3 SA EN SUD

Ouest entame du 4 de ♦.

## QUELLE EST VOTRE LIGNE DE JEU ?

| | | |
|---|---|---|
| 1 | Dame de ♦ et petit ♣ | |
| 2 | Roi de ♦ et Dame de ♥ | |
| 3 | Roi de ♦ et 5 de ♥ | |

# RÉPONSE

| TEST n° 2 | |
|---|---|
| ① = | 5 |
| ② = | 15 |
| ③ = | 20 |

| | | | |
|---|---|---|---|
| | ♠ A 8 2<br>♥ A V 10 6 4 3<br>♦ D 5<br>♣ 7 4 | |
| ♠ 10 7 5<br>♥ R<br>♦ A V 9 4 2<br>♣ A V 6 2 | N<br>O E<br>S | ♠ V 9 4<br>♥ 9 8 7 2<br>♦ 10 7 6 3<br>♣ 10 9 |
| | ♠ R D 6 3<br>♥ D 5<br>♦ R 8<br>♣ R D 8 5 3 | |

Avec un doubleton à ♦ dans chaque main, vous vous trouvez dans l'obligation d'abandonner l'idée de jouer ♣. Vous devez en effet réaliser vos levées avant qu'un adversaire ne reprenne la main. Avec 8 cartes à ♥ entre les deux mains, le bon maniement de couleur consiste à faire l'impasse au Roi.

*Quelle carte allez-vous jouer de votre main ?*

Si vous présentez sans réfléchir la Dame de ♥, Ouest avec le Roi de ♥ sec ne pourra pas faire autre chose que de couvrir et Est tiendra la couleur avec le 9 quatrième. Jouez le 5 de ♥ à la deuxième levée, Ouest fournit le Roi sec que vous prenez de l'As. Onze levées récompenseront cette petite précaution supplémentaire.

## LE CONSEIL PRATIQUE

Sans problème de communication, ne partez pas d'un honneur. Inutile de gaspiller la Dame de ♥.

# TEST N° 3

♠ R 7
♥ 9 6 4 2
♦ 8 5 4
♣ A R 8 7

| | N | |
|---|---|---|
| O | | E |
| | S | |

♠ A D 5
♥ A V 10 8 3
♦ V 10
♣ D 9 3

## VOUS JOUEZ 4 ♥ EN SUD

Ouest entame l'As de ♦, rejoue le Roi et continue du 2 de ♦.

## QUELLE EST VOTRE LIGNE DE JEU ?

| | | |
|---|---|---|
| 1 | As de ♥ et ♥ | |
| 2 | Petit ♥ vers le 10, puis As de ♥ | |
| 3 | Petit ♥ vers le 10, puis petit ♥ vers le Valet | |

# RÉPONSE

| TEST n° 3 |
|---|
| ① = 15 |
| ② = 10 |
| ③ = 20 |

| | Nord | |
|---|---|---|
| | ♠ R 7<br>♥ 9 6 4 2<br>♦ 8 5 4<br>♣ A R 8 7 | |
| **Ouest**<br>♠ 10 8 6 4 3<br>♥ D<br>♦ A R 6 2<br>♣ 10 4 2 | N / O E / S | **Est**<br>♠ V 9 2<br>♥ R 7 5<br>♦ D 9 7 3<br>♣ V 6 5 |
| | ♠ A D 5<br>♥ A V 10 8 3<br>♦ V 10<br>♣ D 9 3 | |

Prenez la main au mort avec le Roi de ♠. Vous avez le droit de perdre une levée à ♥, ce qui correspond au strict minimum quand il manque le Roi et la Dame. Avancez ensuite un petit ♥ du mort pour le 5, le 10, et la Dame d'Ouest qui rejoue ♠ pour votre As. Rentrez au mort par le Roi de ♣ et jouez à nouveau un petit ♥.

*Est fournit le 9. Et vous ?*

Dans cette situation très courante où vous tentez une double impasse, appliquez toujours la règle et couvrez le 9 du Valet.

Le Valet fait le levée. Il suffit maintenant d'encaisser l'As de ♥ vous ferez le reste des levées.

| LE CONSEIL PRATIQUE |
|---|
| N'ayez jamais peur de recommencer l'impasse lorsqu'il vous manque le Roi et la Dame. Faites toujours deux fois l'impasse. |

# TEST N° 4

|  |  |
|---|---|
| Nord | ♠ R D 5 2<br>♥ D 10 6 4<br>♦ R 2<br>♣ A 8 3 |
| Sud (déclarant) | ♠ A 10<br>♥ A 7 5 3<br>♦ A D 9 4<br>♣ R 9 2 |

## VOUS JOUEZ 6 ♥ EN SUD

Ouest entame du 3 de ♠.

## QUELLE EST VOTRE LIGNE DE JEU ?

| | | |
|---|---|---|
| 1 | Petit ♥ vers le mort | |
| 2 | As de ♥ et ♥ pour le 10 | |
| 3 | As de ♥ et ♥ pour la Dame | |

# RÉPONSE

| TEST n° 4 |
|---|
| ① = 12 |
| ② = 20 |
| ③ = 10 |

| | Nord | |
|---|---|---|
| | ♠ R D 5 2<br>♥ D 10 6 4<br>♦ R 2<br>♣ A 8 3 | |
| **Ouest**<br>♠ 8 7 3<br>♥ R V 9 2<br>♦ V 7 2<br>♣ D 7 5 | N<br>O E<br>S | **Est**<br>♠ V 9 6 4<br>♥ 8<br>♦ 10 8 5 3<br>♣ V 10 6 4 |
| | ♠ A 10<br>♥ A 7 5 3<br>♦ A D 9 4<br>♣ R 9 2 | |
| | Sud | |

Le chelem est tendu, et vous devez mettre le maximum de chances de votre côté. L'entame à ♠, vous enlevant tout problème en dehors de l'atout, vous permet de gagner avec les atouts 4-1. Encaissez d'abord l'As de ♥ et avancez un petit ♥ vers le mort, Ouest fournit le 9.

*Quelle carte allez-vous jouer ?*

Si les ♥ sont partagés 3-2, Est pouvant détenir soit le Roi soit le Valet, vous avez une chance sur deux de placer la bonne.

Par contre, avec un partage 4-1 (en Ouest), si vous jouez la Dame, Est défaussera et vous perdrez 2 levées à ♥.

Le bon maniement consiste à placer le 10 de ♥ dans le but de ne perdre qu'une levée si Ouest possède Roi-Valet quatrièmes.

## LE CONSEIL PRATIQUE

Si le jeu d'un des deux honneurs est équivalent en cas de partage 3-2, pensez au partage 4-1.

# TEST N° 5

| | |
|---|---|
| ♠ | A 10 |
| ♥ | R 5 |
| ♦ | R V 8 2 |
| ♣ | D 7 5 4 3 |

N
O E
S

| | |
|---|---|
| ♠ | R V 4 |
| ♥ | A D 10 6 |
| ♦ | A |
| ♣ | A V 9 6 2 |

## VOUS JOUEZ 7 ♣ EN SUD

Ouest entame du 10 de ♦.

## QUELLE EST VOTRE LIGNE DE JEU ?

| | | |
|---|---|---|
| 1 | As de ♣ en tête | |
| 2 | Petit ♠ pour l'As et ♣ pour le Valet | |
| 3 | Petit ♠ pour l'As et Dame de ♣ | |

# RÉPONSE

| TEST n° 5 | |
|---|---|
| ① = | 5 |
| ② = | 10 |
| ③ = | 20 |

| | Nord | |
|---|---|---|
| | ♠ A 10<br>♥ R 5<br>♦ R V 8 2<br>♣ D 7 5 4 3 | |
| **Ouest**<br>♠ D 9 7 3 2<br>♥ V 9 7 3<br>♦ 10 9 7 5<br>♣ — | N<br>O E<br>S | **Est**<br>♠ 8 6 5<br>♥ 8 4 2<br>♦ D 6 4 3<br>♣ R 10 8 |
| | ♠ R V 4<br>♥ A D 10 6<br>♦ A<br>♣ A V 9 6 2 | |

Possédant largement toutes les levées nécessaires, votre unique problème est à l'atout.

*Le rappel de la règle :* faites l'impasse au Roi jusqu'à un total de 10 cartes entre vos deux mains.

*Existe-t-il une précaution supplémentaire ?*

Vos adversaires ne possèdent que 3 cartes à ♣. Si vous partez d'un petit ♣ du mort, pour faire l'impasse et que le partage des ♣ est 3-0, Ouest défaussera et Est avec Roi-10 fera une levée à l'atout.

*Voici le maniement correct :*

Jouez la Dame de ♣ à la 2e levée. Est couvre du Roi et Ouest défausse.

Apercevant la chicane dévoilée, vous n'avez plus qu'à rentrer au mort et faire l'impasse au 10.

## LE CONSEIL PRATIQUE

Appliquez la règle et faites l'impasse au Roi en tenant compte du nombre de cartes entre les deux mains.

# RÉSULTATS TESTS 1 A 5

Faites le total des points que vous avez obtenu dans les 5 tests précédents.

| VOTRE SCORE | |
|---|---|
| **95 – 100** | Excellent départ – Continuez |
| **de 80 à 90** | Bon parcours – Vos bases sont solides |
| **de 65 à 75** | Vous êtes sur la bonne voie – Concentrez vous davantage |
| **de 50 à 60** | Moyen – Les maniements de couleurs ne vous sont pas encore familiers |
| **– de 50** | Lisez le jeu avec le mort (JAÏS-LEBEL)* |

* Éditions du Rocher

# TESTS 6 A 10

# MANIEMENTS CLASSIQUES

★★

# TEST N° 6

| | |
|---|---|
| ♠ | R 6 5 2 |
| ♥ | A D |
| ♦ | R D V 7 5 |
| ♣ | D 4 |

N
O E
S

| | |
|---|---|
| ♠ | A V 10 |
| ♥ | 6 2 |
| ♦ | A 10 9 8 3 |
| ♣ | A 9 3 |

## VOUS JOUEZ 6 ♦ EN SUD

Ouest entame du 3 de ♥.

## QUELLE EST VOTRE LIGNE DE JEU ?

| | | |
|---|---|---|
| 1 | Dame de ♥ et impasse à ♠ | |
| 2 | As de ♥ et petit ♠ pour le 10 | |
| 3 | As de ♥, ♠ pour l'As et Valet de ♠ | |

# RÉPONSE

| TEST n° 6 | |
|---|---|
| ① = | 5 |
| ② = | 20 |
| ③ = | 10 |

| | Nord | |
|---|---|---|
| | ♠ R 6 5 2<br>♥ A D<br>♦ R D V 7 5<br>♣ D 4 | |
| **Ouest**<br>♠ 8 4<br>♥ V 9 7 5 3<br>♦ 6 4<br>♣ R 7 5 2 | N<br>O E<br>S | **Est**<br>♠ D 9 7 3<br>♥ R 10 8 4<br>♦ 2<br>♣ V 10 8 6 |
| | ♠ A V 10<br>♥ 6 2<br>♦ A 10 9 8 3<br>♣ A 9 3 | |

Au départ ce chelem a l'air franchement mauvais.

*Quelles sont les possibilités d'améliorer la situation ?*

Réfléchissez avant de jouer la première carte. Vous avez deux cartes à ♥ dans chaque main. Le petit ♥ de Sud peut être défaussé sur le 4e ♠ du mort. *L'impasse à ♥ est donc un leurre.* Plongez de l'As de ♥ et enlevez les atouts adverses.

*De quel côté devez-vous tenter l'impasse à ♠ ?*

Tentez sans coup de sonde, pour ne pas gaspiller un honneur, l'impasse sur Est. La présence d'As-Valet-10 permet de capturer une Dame quatrième ou cinquième en Est.

Avec cette ligne de jeu, le chelem est pratiquement à une chance sur deux.

## LE CONSEIL PRATIQUE

Ne chutez pas votre contrat en tentant une impasse inutile.

# TEST N° 7

♠ A 8 4
♥ A D 6 4 2
♦ R 9
♣ 8 6 3

| | | |
|---|---|---|
| | N | |
| O | | E |
| | S | |

♠ D V 3
♥ R 10
♦ A 8 7 2
♣ V 10 9 4

## VOUS JOUEZ 3 SA EN SUD

Ouest entame du 2 de ♠ pour le 4 du mort et le Roi d'Est qui continue la couleur.

## QUELLE EST VOTRE LIGNE DE JEU ?

| | | |
|---|---|---|
| 1 | As de ♠ et petit ♥ pour le 10 | |
| 2 | As de ♠ et petit ♣ | |
| 3 | Dame de ♠ et As-Roi-Dame de ♥ | |

# RÉPONSE

| TEST n° 7 | |
|---|---|
| ① = | 20 |
| ② = | 10 |
| ③ = | 10 |

| | Nord | |
|---|---|---|
| | ♠ A 8 4<br>♥ A D 6 4 2<br>♦ R 9<br>♣ 8 6 3 | |
| **Ouest**<br>♠ 10 7 5 2<br>♥ 9 8 5 3<br>♦ V 5<br>♣ A D 2 | N / O E / S | **Est**<br>♠ R 9 6<br>♥ V 7<br>♦ D 10 6 4 3<br>♣ R 7 5 |
| | ♠ D V 3<br>♥ R 10<br>♦ A 8 7 2<br>♣ V 10 9 4 | |

Bien qu'un peu « poussé » ce contrat de 3 sans atout est loin d'être mauvais. Pour le réussir, vous devez réaliser toutes les levées à ♥.

*La manche est donc à un peu plus d'une chance sur trois ?*

Oui, si vous jouez sur les ♥ 3-3.

Il existe un meilleur maniement de la couleur : après avoir pris du mort avec l'As de ♠, tentez directement l'impasse au Valet de ♥.

Vous gagnerez pratiquement chaque fois que le Valet est placé en Est, soit environ une chance sur deux.

## LE CONSEIL PRATIQUE

Prenez le risque de faire une impasse directe au Valet lorsqu'elle augmente vos chances.

# TEST N° 8

♠ R 6 4 2
♥ R 5
♦ A D V 7 6 3
♣ 9

| | N | |
|---|---|---|
| O | | E |
| | S | |

♠ V 10 7 5 3
♥ A D 10
♦ R 9
♣ A V 10

## VOUS JOUEZ 6 ♠ EN SUD

Ouest entame du 2 de ♣, pour le 9 du mort et le Roi d'Est.

## QUELLE EST VOTRE LIGNE DE JEU ?

| | | |
|---|---|---|
| 1 | As de ♣ et petit ♠ vers le Roi | |
| 2 | As de ♣ et Valet de ♠ | |
| 3 | As de ♣ et Valet de ♣ | |

# RÉPONSE

| TEST n° 8 |
|---|
| ① = 20 |
| ② = 10 |
| ③ = 5 |

| | Nord | |
|---|---|---|
| | ♠ R 6 4 2<br>♥ R 5<br>♦ A D V 7 5 3<br>♣ 9 | |
| **Ouest** | | **Est** |
| ♠ D<br>♥ V 7 2<br>♦ 8 6 4 2<br>♣ 8 7 5 3 2 | N / O E / S | ♠ A 9 8<br>♥ 9 8 6 4 3<br>♦ 10<br>♣ R D 6 4 |
| | **Sud** | |
| | ♠ V 10 7 5 3<br>♥ A D 10<br>♦ R 9<br>♣ A V 10 | |

L'absence de cartes intermédiaires doit vous faire réfléchir.

*Êtes-vous en situation d'appliquer la règle, c'est-à-dire faire l'impasse à la Dame ?*

Vous devez nécessairement trouver les ♠ 2-2 ou 3-1 pour gagner.

- En cas de partage 2-2, vous pourrez indifféramment jouer un petit ♠ pour le Roi ou partir du Valet (impasse à la Dame).
- En cas de partage 3-1, en partant du Valet, vous perdrez toujours deux levées – constatez le par vous-même – alors qu'en jouant un petit ♠ pour le Roi vous gagnerez avec la Dame sèche dans les deux mains.

## LE CONSEIL PRATIQUE

Si vous manquez de cartes intermédiaires, réfléchissez avant d'appliquer la règle.

# TEST N° 9

♠ 8 5 4
♥ V 8 3
♦ A 6 5
♣ A D V 3

| | N | |
|---|---|---|
| O | | E |
| | S | |

♠ A D 9 6 2
♥ 9 2
♦ R 10
♣ R 10 9 6

## VOUS JOUEZ 4 ♠ EN SUD

Ouest entame de la Dame de ♦.

## QUELLE EST VOTRE LIGNE DE JEU ?

| | | |
|---|---|---|
| 1 | Roi de ♦ et As de ♠ | |
| 2 | As de ♦ et ♠ pour la Dame | |
| 3 | As de ♦ et ♠ pour le 9 | |

# RÉPONSE

| TEST n° 9 | |
|---|---|
| ① = | 10 |
| ② = | 10 |
| ③ = | 20 |

| | | | |
|---|---|---|---|
| | ♠ 8 5 4<br>♥ V 8 3<br>♦ A 6 5<br>♣ A D V 3 | | |
| ♠ R 7<br>♥ A 10 6 4<br>♦ D V 9 8<br>♣ 7 5 4 | N<br>O E<br>S | | ♠ V 10 3<br>♥ R D 7 5<br>♦ 7 4 3 2<br>♣ 8 2 |
| | ♠ A D 9 6 2<br>♥ 9 2<br>♦ R 10<br>♣ R 10 9 6 | | |

Vos deux perdantes à ♥ ne pouvant disparaître, vous devez concentrer votre réflexion sur le maniement des atouts.

La présence du 9 et du 8 peut vous suggérer d'encaisser l'As de ♠ avec l'espoir de capturer le Roi sec en Ouest.

*Existe-t-il une meilleure manœuvre ?*

Faites la première levée avec l'As de ♦ et jouez un petit ♠ pour le 9, en tentant l'impasse à Valet-10. Si elle réussit, votre contrat est gagné (sauf Roi sec en Ouest). Si elle échoue, rentrez au mort et tentez l'impasse au Roi.

## LE CONSEIL PRATIQUE

Avec la fourchette A-D-9, pensez à faire l'impasse à Valet-10 avant de tenter l'impasse au Roi.

# TEST N° 10

| | |
|---|---|
| | ♠ A 8 |
| | ♥ R 7 5 |
| | ♦ A R 9 2 |
| | ♣ A R 6 4 |
| | N |
| O | E |
| | S |
| | ♠ R D V 2 |
| | ♥ A V |
| | ♦ D 8 7 4 3 |
| | ♣ 5 2 |

## VOUS JOUEZ 7 ♦ EN SUD

Ouest entame du Valet de ♣.

## QUELLE EST VOTRE LIGNE DE JEU ?

| | | |
|---|---|---|
| 1 | As de ♣ et As de ♦ | |
| 2 | As de ♣ et petit ♦ pour la Dame | |
| 3 | As de ♣, petit ♥ pour l'As et ♦ | |

# RÉPONSE

| TEST n° 10 |
| --- |
| ① = 10 |
| ② = 20 |
| ③ = 10 |

| | | |
| --- | --- | --- |
| | ♠ A 8<br>♥ R 7 5<br>♦ A R 9 2<br>♣ A R 6 4 | |
| ♠ 10 7 4 3<br>♥ D 8<br>♦ V 10 6 5<br>♣ V 10 9 | N<br>O E<br>S | ♠ 9 6 5<br>♥ 10 9 6 4 3 2<br>♦ –<br>♣ D 8 7 3 |
| | ♠ R D V 2<br>♥ A V<br>♦ D 8 7 4 3<br>♣ 5 2 | |

Enfin un contrat sur table ou presque...

*Essayez d'imaginer la distribution adverse qui risque de vous gêner.*

Seul le partage 4-0 des atouts peut vous mettre en danger, un de vos adversaires possédant Valet-10 quatrièmes.

*Existe-t-il une solution ?*

Si Est possède les quatre atouts, il n'y a rien à faire. Si les quatre atouts sont en Ouest, commencez par vous apercevoir du mauvais partage *en jouant un petit ♦ vers la Dame* à la deuxième levée. Jouez ensuite ♦ vers le mort. Si Ouest intercale, couvrez du Roi, rentrez en main et rejouez ♦ vers la fourchette As-9.

Grâce au bon maniement de la couleur, tous les atouts d'Ouest sont capturés.

## LE CONSEIL PRATIQUE

Avec un total de 9 cartes, n'oubliez pas de jouer d'abord l'honneur isolé si vous désirez capturer V-10 quatrièmes.

# RÉSULTATS
# TESTS 6 A 10

Faites le total des points que vous avez obtenu dans les 5 tests précédents.

| VOTRE SCORE | |
|---|---|
| **95 – 100** | Excellent – Vous possédez une très bonne technique |
| **de 80 à 90** | Bon résultat – Le parcours était difficile |
| **de 65 à 75** | Convenable – Ne jouez pas trop rapidement |
| **de 50 à 60** | Pas si mal – Appliquez-vous davantage |
| **– de 50** | Il me semble que vous auriez intérêt à refaire les tests de 6 à 10 |

# TESTS 11 A 15

## MANIEMENTS CLASSIQUES

★★★

# TEST N° 11

|  |  |
|---|---|
| **Nord** | ♠ V 10 7 3<br>♥ R 9 5<br>♦ R 10 8 6 2<br>♣ V |
| **Sud** | ♠ 9 8 2<br>♥ A D 10<br>♦ A 9<br>♣ A D 7 3 2 |

N — O — E — [S]

## VOUS JOUEZ 3 SA EN SUD

Ouest entame du 5 de ♣, pour le Valet du mort et le Roi d'Est.

## QUELLE EST VOTRE LIGNE DE JEU ?

| | | |
|---|---|---|
| 1 | As de ♣ et As-Roi de ♦ en tête | |
| 2 | As de ♣ et As de ♦ et 9 de ♦ pour le 6 | |
| 3 | Petit ♣ et affranchissement des ♠ | |

# RÉPONSE

| TEST n° 11 | |
|---|---|
| ① = | 20 |
| ② = | 15 |
| ③ = | 5 |

| | Nord | |
|---|---|---|
| | ♠ V 10 7 3<br>♥ R 9 5<br>♦ R 10 8 6 2<br>♣ V | |
| **Ouest**<br>♠ R 6<br>♥ 7 2<br>♦ D 7 5 4<br>♣ 10 8 6 5 4 | N<br>O E<br>S | **Est**<br>♠ A D 5 4<br>♥ V 8 6 4 3<br>♦ V 3<br>♣ R 9 |
| | ♠ 9 8 2<br>♥ A D 10<br>♦ A 9<br>♣ A D 7 3 2 | |

Avec As-Roi-Dame de ♠ à perdre, vous devez prendre le Roi de ♣ avec l'As et miser sur l'affranchissement des ♦. Pas de problème si les ♦ sont 3-3.

*Que pouvez-vous faire en cas de partage 4-2 ?*

Commencez par encaisser l'As de ♦, jouez ensuite le 9 de ♦ et fournissez le Roi.

*Pourquoi le Roi ?*

Après avoir vu trois basses cartes, si Est est doubleton, il reste la Dame, le Valet et une basse carte (le 7). Il y a donc deux fois plus de chances de voir tomber un honneur que le 7. N'oubliez pas de jouer ensuite le 8 ou le 10 du mort pour affranchir la couleur.

## LE CONSEIL PRATIQUE

Tirez As-Roi en tête avec une couleur répartie 5-2. Un honneur, Dame ou Valet, ayant deux fois plus de chances d'être sec qu'une petite carte.

# TEST N° 12

♠ A D
♥ 7 3
♦ A 8 2
♣ A R 10 9 6 2

| | N | |
|---|---|---|
| O | | E |
| | S | |

♠ R 10
♥ R D 8 6 2
♦ R D 10 5
♣ V 4

## VOUS JOUEZ 6 SA EN SUD

Ouest entame du 4 de ♠.

## QUELLE EST VOTRE LIGNE DE JEU ?

| | | |
|---|---|---|
| 1 | Roi de ♠ et impasse directe à ♣ | |
| 2 | As de ♠, As de ♣ et impasse à ♣ | |
| 3 | As de ♠ et affranchissement des ♥ | |

# RÉPONSE

| TEST n° 12 |
|---|
| ① = 20 |
| ② = 10 |
| ③ = 5 |

| | | |
|---|---|---|
| | ♠ A D<br>♥ 7 3<br>♦ A 8 2<br>♣ A R 10 9 6 2 | |
| ♠ V 8 7 4<br>♥ A 9<br>♦ 7 4 3<br>♣ D 7 5 3 | N<br>O E<br>S | ♠ 9 6 5 3 2<br>♥ V 10 5 4<br>♦ V 9 6<br>♣ 8 |
| | ♠ R 10<br>♥ R D 8 6 2<br>♦ R D 10 5<br>♣ V 4 | |

L'entame à ♠ ne vous apporte aucune levée.

*Quelle couleur devez-vous affranchir ?*

Pour gagner sur les ♥ vous devez trouver l'As en Est et la couleur partagée 3-3.

Il faut donc jouer sur les ♣.

*Comment devez-vous manier les ♣ ?*

Avec huit ♣ entre les deux mains et toutes les cartes intermédiaires, le bon maniement est l'impasse à la Dame.

*Mais attention* ! Si vous commencez par tirer l'As ou le Roi afin de vous prémunir contre une Dame sèche, vous ne pourrez plus faire qu'une seule fois l'impasse.

Pour gagner avec la Dame quatrième en Ouest – nettement plus probable qu'une Dame sèche – prenez l'entame avec le Roi de ♠ et jouez immédiatement le Valet de ♣ dans *le but de faire l'impasse directe.*

## LE CONSEIL PRATIQUE

Ne faites jamais de coup de sonde s'il vous enlève une possibilité d'impasse.

# TEST N° 13

♠ A 10 4
♥ 6 3
♦ 9 5 2
♣ R D 10 9 4

N
O E
S

♠ R D V 3
♥ R 10 7 2
♦ A R 6
♣ 7 3

**VOUS JOUEZ 3 SA EN SUD**

Ouest entame de la Dame de ♦.
Vous faites la première levée avec l'As de ♦.

**QUELLE EST VOTRE LIGNE DE JEU ?**

| | | |
|---|---|---|
| 1 | Petit ♣ pour le 9 | |
| 2 | Deux fois ♣ vers Roi-Dame | |
| 3 | Petit ♣ pour la Dame, puis ♣ pour le 9 | |

# RÉPONSE

| TEST n° 13 | |
|---|---|
| ① = | 20 |
| ② = | 15 |
| ③ = | 10 |

| | | |
|---|---|---|
| | ♠ A 10 4<br>♥ 6 3<br>♦ 9 5 2<br>♣ R D 10 9 4 | |
| ♠ 8 5<br>♥ A V 8<br>♦ D V 10 3<br>♣ A V 8 2 | N<br>O E<br>S | ♠ 9 7 6 2<br>♥ D 9 5 4<br>♦ 8 7 4<br>♣ 6 5 |
| | ♠ R D V 3<br>♥ R 10 7 2<br>♦ A R 6<br>♣ 7 3 | |

Comme sur la donne précédente, l'affranchissement des ♣ est obligatoire.

*Comment manier la couleur ?*

En cas de partage 3-3, il est équivalent de jouer sur l'impasse au Valet de ♣ ou sur la place de l'As.

*Regardons ensemble ce qui se passe en cas de partage 4-2 :*

Si vous jouez un petit ♣ pour la Dame, puis ♣ vers le Roi, vous ne gagnez que si le Valet de ♣ est second. Par contre, si à la 2e levée vous jouez un petit ♣ pour le 9, c'est-à-dire l'impasse directe au Valet, vous gagnez si Ouest possède le Valet quatrième.

Vous savez bien sûr que le Valet de ♣ a plus de chances d'être 4e que second.

C'est donc la dernière solution qui est la bonne.

## LE CONSEIL PRATIQUE

N'ayez pas peur d'augmenter vos chances en faisant l'impasse directe au Valet. C'est en prenant ce genre de « risque » que vous gagnerez vos contrats.

# TEST N° 14

♠ 9 6
♥ A 8 5
♦ D 5 4
♣ D 10 9 7 2

| | N | |
|---|---|---|
| O | | E |
| | S | |

♠ A D 2
♥ R D V
♦ 10 9 6 3 2
♣ A 4

## VOUS JOUEZ 3 SA EN SUD

Ouest entame du 4 de ♠ pour le 6 du mort, le Valet d'Est, et l'As.

## QUELLE EST VOTRE LIGNE DE JEU ?

| | | |
|---|---|---|
| 1 | As de ♣ et ♣ pour le 9 | |
| 2 | As de ♣ et ♣ pour la Dame | |
| 3 | 10 de ♦ laissé-passer | |

# RÉPONSE

| TEST n° 14 |
| --- |
| ① = 10 |
| ② = 20 |
| ③ = 5 |

| | | | |
| --- | --- | --- | --- |
| | ♠ 9 6<br>♥ A 8 5<br>♦ D 5 4<br>♣ D 10 9 7 2 | | |
| ♠ R 10 8 4 3<br>♥ 7 6 4<br>♦ A<br>♣ R 8 6 5 | N<br>O E<br>S | | ♠ V 7 5<br>♥ 10 9 3 2<br>♦ R V 8 7<br>♣ V 3 |
| | ♠ A D 2<br>♥ R D V<br>♦ 10 9 6 3 2<br>♣ A 4 | | |

L'absence du 8 de ♦ rend la couleur difficilement exploitable.

*Vous allez donc devoir jouer sur les ♣.*

Vous commencez par tirer l'As de ♣ puis le 4 de ♣ vers le mort, Ouest fournit le 6.

*Quelle carte allez-vous jouer du mort ?*

Le raisonnement qui doit vous permettre de trouver le bon maniement de la couleur doit petit à petit vous devenir familier. En cas de partage 3-3, il est équivalent de jouer le 10 ou la Dame. En cas de partage 4-2 si le 10 pousse au Roi, Ouest accrochera avec le Valet 4e. Il faut donc placer la Dame de ♣ pour augmenter vos chances si le Valet est second en Est.

## LE CONSEIL PRATIQUE

Pour trouver le bon maniement, pensez à la petite chance supplémentaire.

# TEST N° 15

♠ R 9 8 7 2
♥ 8 2
♦ A D 6
♣ 10 7 4

N
O E
S

♠ A V
♥ A R 9
♦ R 10 7
♣ V 8 6 3 2

## VOUS JOUEZ 3 SA EN SUD

Ouest entame du 5 de ♥ pour le 2 du mort et le Valet d'Est.

## QUELLE EST VOTRE LIGNE DE JEU ?

| | | |
|---|---|---|
| 1 | 9 de ♥ et affranchissement des ♣ | |
| 2 | Roi de ♥ et impasse à ♠ | |
| 3 | Roi de ♥ et As-Roi de ♠ | |

# RÉPONSE

| TEST n° 15 | |
|---|---|
| ① = | 5 |
| ② = | 15 |
| ③ = | 20 |

| | | |
|---|---|---|
| | ♠ R 9 8 7 2<br>♥ 8 2<br>♦ A D 6<br>♣ 10 7 4 | |
| ♠ D 4<br>♥ D 10 6 5 3<br>♦ 8 4 2<br>♣ A 9 | N<br>O E<br>S | ♠ 10 6 5 3<br>♥ V 7 4<br>♦ V 9 5 3<br>♣ R D 5 |
| | ♠ A V<br>♥ A R 9<br>♦ R 10 7<br>♣ V 8 6 3 2 | |

Prenez le Valet de ♥ avec le Roi, et comptez vos levées maîtresses. Avec 7 levées, 2 levées de ♠ suffisent. L'affranchissement des ♣ est trop lointain.

*Comment manier les ♠ ?*

Si vous remontez au mort à ♦ pour tenter l'impasse à la Dame de ♠ vous risquez d'être dans l'impossibilité d'affranchir la couleur – même si l'impasse réussit – par manque de communication.

*Pour conserver vos communications :* jouez l'As de ♠ puis le Valet de ♠ surpris du Roi. Vous gagnerez à chaque fois que la couleur sera partagée 3-3. Vous gagnerez également en cas de partage 4-2 avec le 10 ou la Dame seconde dans n'importe quelle main.

## LE CONSEIL PRATIQUE

Un maniement de couleur à la table, dépend de vos communications. Tenez-en compte dans votre plan de jeu.

# RÉSULTATS
# TESTS 11 A 15

Faites le total des points que vous avez obtenu dans les 5 tests précédents.

| VOTRE SCORE | |
|---|---|
| **95 – 100** | Super – Vous excellez dans les maniements de couleurs |
| **de 80 à 90** | En forme – Ce score sur les tests 11 à 15 est très bon |
| **de 65 à 75** | Bien – Ce résultat est convenable |
| **de 50 à 60** | Pas mal – Ce parcours était du niveau 1re série |
| **– de 50** | Médiocre – Recommencez les tests de 11 à 15 |

# TESTS 16 A 20

## JEUX DE SÉCURITÉ

# TEST N° 16

♠ R 3
♥ A 8 6 4
♦ 9 5 2
♣ R 10 7 6

| | N | |
|---|---|---|
| O | | E |
| | S | |

♠ A V 9 8 4
♥ R 2
♦ V 10
♣ A D V 9

## VOUS JOUEZ 4 ♠ EN SUD

Ouest entame de la Dame de ♥.

## QUELLE EST VOTRE LIGNE DE JEU ?

| | | |
|---|---|---|
| 1 | As-Roi de ♠ en tête | |
| 2 | Roi de ♠ et ♠ pour le 9 | |
| 3 | Roi de ♠ et ♠ pour le Valet | |

# RÉPONSE

| TEST n° 16 |
|---|
| ① = 15 |
| ② = 10 |
| ③ = 20 |

| | | |
|---|---|---|
| | ♠ R 3<br>♥ A 8 6 4<br>♦ 9 5 2<br>♣ R 10 7 6 | |
| ♠ 7 5<br>♥ D V 10 3<br>♦ A D 7 6 4<br>♣ 4 3 | N<br>O E<br>S | ♠ D 10 6 2<br>♥ 9 7 5<br>♦ R 8 3<br>♣ 8 5 2 |
| | ♠ A V 9 8 4<br>♥ R 2<br>♦ V 10<br>♣ A D V 9 | |

Avec seulement deux perdantes à ♦ vous avez le droit de concéder une levée à l'atout.

*Vous devez donc jouer en sécurité.*

Après avoir pris la première levée avec l'As de ♥ vous encaissez le Roi de ♠ et vous jouez un petit ♠ du mort, Est fournissant le 2 et le 6.

*Quel est le bon maniement de sécurité ?*

Bien que vous ayez le droit de perdre une levée, vous devez impérativement fournir le Valet de ♠, la même carte que dans le maniement classique où vous devez faire toutes les levées. En effet, il est bien plus probable de trouver Dame-10 quatrièmes dans une main que la Dame seconde.

## LE CONSEIL PRATIQUE

Le maniement de sécurité est parfois le maniement classique de la couleur. Ne l'oubliez pas lorsque vous cherchez à assurer votre contrat.

# TEST N° 17

♠ V 6 4 2
♥ 7 3
♦ R D V 10
♣ A V 5

| | N | |
|---|---|---|
| O | | E |
| | S | |

♠ A R 9 3
♥ D 5
♦ A 9 7 2
♣ R 10 3

## VOUS JOUEZ 4 ♠ EN SUD

Ouest entame du 4 de ♣.

## QUELLE EST VOTRE LIGNE DE JEU ?

| | | |
|---|---|---|
| 1 | As-Roi de ♠ | |
| 2 | As de ♠ et ♠ vers le Valet | |
| 3 | As de ♠ et Valet de ♠ | |

# RÉPONSE

| TEST n° 17 |
|---|
| ① = 10 |
| ② = 20 |
| ③ = 10 |

| | Nord | |
|---|---|---|
| | ♠ V 6 4 2<br>♥ 7 3<br>♦ R D V 10<br>♣ A V 5 | |
| ♠ 7<br>♥ A 10 9 2<br>♦ 8 5 4<br>♣ D 8 7 6 4 | N<br>O E<br>S | ♠ D 10 8 5<br>♥ R V 8 6 4<br>♦ 6 3<br>♣ 9 2 |
| | ♠ A R 9 3<br>♥ D 5<br>♦ A 9 7 2<br>♣ R 10 3 | |

Grâce à une entame favorable, vous avez la possibilité d'abandonner une levée à l'atout. Vous êtes donc en situation de vérifier s'il existe ou non un jeu de sécurité.

*Pouvez-vous gagner si les ♠ sont 4-1 ?*

Commencez par un coup de sonde, et si la Dame n'est pas sèche, jouez un petit vers le Valet :

- Si Ouest a 4 cartes à ♠, il fournit soit la Dame soit un petit. Dans les deux cas le Valet du mort vous permettra de ne perdre qu'une levée dans la couleur.
- Si Ouest défausse, jouez le Valet du mort, pris par la Dame d'Est, vous pourrez ensuite rentrer au mort pour faire l'impasse au 10 de ♠.

## LE CONSEIL PRATIQUE

Pensez à abandonner volontairement une levée à l'atout pour assurer votre contrat.

# TEST N° 18

♠ A 5
♥ R V 6 2
♦ V 9 7 5 4
♣ 6 3

N
O E
S

♠ R D V 8
♥ A 7 3
♦ D 8 6 2
♣ A D

## VOUS JOUEZ 3 SA EN SUD

Ouest entame du 7 de ♣ pour le Roi d'Est et votre As.

## QUELLE EST VOTRE LIGNE DE JEU ?

| | | |
|---|---|---|
| 1 | Petit ♦ vers le Valet | |
| 2 | As de ♥ et ♥ vers le Valet | |
| 3 | Roi et As de ♥, puis ♥ vers le Valet | |

# RÉPONSE

| TEST n° 18 | |
|---|---|
| ① = | 5 |
| ② = | 10 |
| ③ = | 20 |

| | | |
|---|---|---|
| | ♠ A 5<br>♥ R V 6 2<br>♦ V 9 7 5 4<br>♣ 6 3 | |
| ♠ 9 7 3<br>♥ 10 8 7 4<br>♦ A<br>♣ V 10 8 7 2 | N<br>O E<br>S | ♠ 10 6 4 2<br>♥ D 9<br>♦ R 10 3<br>♣ R 9 5 4 |
| | ♠ R D V 8<br>♥ A 7 3<br>♦ D 8 6 2<br>♣ A D | |

N'ayant plus qu'un seul arrêt à ♣, vous n'avez pas le temps d'affranchir une couleur – ♦ – où il vous manque l'As et le Roi. Avec 6 levées dans les couleurs noires, vous n'avez besoin que de 3 levées à ♥.

Vous savez maintenant que vous devez rechercher un jeu de sécurité.

*Comment manier les ♥ en sécurité ?*

Si l'impasse à la Dame de ♥ réussit, ou si les ♥ sont partagés 3-3, le contrat est gagné.

*Un jeu de sécurité doit donc améliorer vos chances.*

Commencez par jouer un petit ♥ vers le Roi, puis un petit ♥ vers l'As. Cette manœuvre vous permet de gagner également si la Dame est seconde en Est, donc mal placée. Si la Dame de ♥ ne tombe pas, poursuivez par un petit ♥ vers le Valet.

## LE CONSEIL PRATIQUE

Un jeu de sécurité peut n'améliorer vos chances que de quelques %. Mais ce léger gain est essentiel dans le jeu avec le mort.

# TEST N° 19

♠ R 9 6 4
♥ D 3
♦ A R 5
♣ V 9 8 4

| | N | |
|---|---|---|
| O | | E |
| | S | |

♠ A 10 8 7 5
♥ A R 5
♦ D V 7 2
♣ A

## VOUS JOUEZ 6 ♠ EN SUD

Ouest entame du Valet de ♥.
Le Roi de ♥ fait la première levée.

## QUELLE EST VOTRE LIGNE DE JEU ?

| | | |
|---|---|---|
| 1 | As de ♠ et ♠ vers le mort | |
| 2 | ♠ vers le Roi et ♠ du mort | |
| 3 | Petit ♠ des deux mains | |

# RÉPONSE

| TEST n° 19 |
|---|
| ① = 10 |
| ② = 10 |
| ③ = 20 |

| | | |
|---|---|---|
| | ♠ R 9 6 4<br>♥ D 3<br>♦ A R 5<br>♣ V 9 8 4 | |
| ♠ D V 3 2<br>♥ V 10 8<br>♦ 9 4<br>♣ R 10 5 2 | N<br>O E<br>S | ♠ –<br>♥ 9 7 6 4 2<br>♦ 10 8 6 3<br>♣ D 7 6 3 |
| | ♠ A 10 8 7 5<br>♥ A R 5<br>♦ D V 7 2<br>♣ A | |

Sans aucune perdante en dehors des atouts, vous devez rechercher une manœuvre qui vous permette de ne perdre qu'un seul atout.

*Existe-t-il un jeu de sécurité qui assure votre contrat ?*

La réponse est oui. Pour gagner, il suffit que vous pensiez à vous prémunir contre : ♠ D V 3 2 dans l'une ou l'autre des mains. Prenez par exemple la levée du Valet de ♥ avec le Roi, et avancez le 8 de ♠.

- Si Ouest fournit un petit, vous laissez passer.
- Si Ouest défausse, montez du Roi et jouez ♠ vers l'As. Vous capturerez ainsi les ♠ d'Est.

## LE CONSEIL PRATIQUE

Avec 9 atouts par As-Roi et les cartes intermédiaires, il existe un jeu de sécurité qui vous protège contre un partage 4-0 des atouts.

# TEST N° 20

♠ A D
♥ A 9 6 5 4 2
♦ 6 5 2
♣ A V

| | N | |
|---|---|---|
| O | | E |
| | S | |

♠ R V 7 6
♥ 3
♦ A D V 7 3
♣ R D 8

## VOUS JOUEZ 6 ♦ EN SUD

Ouest entame du 5 de ♠. Vous prenez de l'As.

## QUELLE EST VOTRE LIGNE DE JEU ?

| | | |
|---|---|---|
| 1 | Impasse du Roi de ♦ | |
| 2 | Petit ♦ pour l'As | |
| 3 | Coupe des ♥ du mort | |

# RÉPONSE

| TEST n° 20 | |
|---|---|
| ① = | 15 |
| ② = | 20 |
| ③ = | 5 |

| | Nord | |
|---|---|---|
| | ♠ A D<br>♥ A 9 6 5 4 2<br>♦ 6 5 2<br>♣ A V | |
| **Ouest**<br>♠ 10 8 5 2<br>♥ R V 8 7<br>♦ R<br>♣ 9 6 4 3 | N<br>O E<br>S | **Est**<br>♠ 9 4 3<br>♥ D 10<br>♦ 10 9 8 4<br>♣ 10 7 5 2 |
| | ♠ R V 7 6<br>♥ 3<br>♦ A D V 7 3<br>♣ R D 8 | |

Pour gagner votre chelem, vous ne devez abandonner qu'une seule levée à ♦. Le chelem est donc pratiquement sur table si les atouts sont 3-2.

*Que faire contre un partage 4-1 ?*

- Si les 4 atouts sont en Ouest, votre seule chance est de trouver le Roi sec en Est.
- Si les 4 atouts sont en Est, vous ne perdrez qu'une seule levée en faisant deux fois l'impasse sur Est.

*Mais que faire si l'impasse échoue ?*

Si l'impasse échoue, c'est que le Roi est sec en Ouest. Pour gagner, vous devez jouer la sécurité, c'est-à-dire encaisser l'As de ♦ à la première levée pour vous prémunir contre un Roi sec. Si rien ne vient, remontez deux fois au mort, afin de jouer deux fois petit ♦ vers Dame-Valet.

## LE CONSEIL PRATIQUE

Il est plus important de gagner votre chelem en capturant le Roi sec que de faire une levée supplémentaire.

# RÉSULTATS TESTS 16 A 20

Faites le total des points que vous avez obtenu dans les 5 tests précédents.

| VOTRE SCORE | |
|---|---|
| **95 – 100** | Votre technique est remarquable |
| **de 80 à 90** | Vous êtes un spécialiste de la sécurité |
| **de 65 à 75** | Bon parcours – mais vous devez faire mieux |
| **de 50 à 60** | Moyen. Attention ! Pas de bon bridge sans sécurité |
| **– de 50** | Lisez le chapitre sur les jeux de sécurité (le jeu avec le mort JAÏS-LEBEL) |

# TESTS 21 A 25

## JEUX DE SÉCURITÉ (suite)

# TEST N° 21

|   |   |
|---|---|
| ♠ | A R 5 |
| ♥ | A V 6 |
| ♦ | V 9 6 4 |
| ♣ | D 8 4 |

N
O E
S

|   |   |
|---|---|
| ♠ | D V 9 6 |
| ♥ | R 9 7 5 3 |
| ♦ | A |
| ♣ | A R 10 |

## VOUS JOUEZ 6 ♥ EN SUD

Ouest entame du 3 de ♣.

## QUELLE EST VOTRE LIGNE DE JEU ?

| | | |
|---|---|---|
| 1 | Roi de ♥ et ♥ vers le Valet | |
| 2 | Petit ♥ vers le Valet | |
| 3 | As de ♥ puis ♦ pour l'As et ♥ vers le Valet | |

# RÉPONSE

| TEST n° 21 | |
|---|---|
| ① = | 5 |
| ② = | 15 |
| ③ = | 20 |

| | | |
|---|---|---|
| | ♠ A R 5<br>♥ A V 6<br>♦ V 9 6 4<br>♣ D 8 4 | |
| ♠ 10 8 7 3<br>♥ 2<br>♦ D 8 7 3<br>♣ V 6 3 2 | N<br>O E<br>S | ♠ 4 2<br>♥ D 10 8 4<br>♦ R 10 5 2<br>♣ 9 7 5 |
| | ♠ D V 9 6<br>♥ R 9 7 5 3<br>♦ A<br>♣ A R 10 | |

Ne jouez pas pour faire 13 levées alors qu'il existe un risque de chute si les atouts sont mal partagés. Ayant le droit de perdre une levée, vous devez donc penser à la sécurité. Le maniement est classique, si vous ne l'avez pas encore trouvé, réfléchissez avant de lire la suite.

*Cherchons ensemble le bon maniement.*

Commencez par encaisser l'honneur qui accompagne le Valet, c'est-à-dire l'As sur la donne que nous étudions. Puis rentrez en main et jouez un petit ♥ vers le Valet :

- Si Ouest a 4 atouts par la Dame, le Valet du mort vous permet de ne perdre qu'une seule levée.
- Si Ouest défausse, fournissez le Valet de ♥. Vous remonterez au mort ensuite à ♠ pour capturer le 10 d'Est.

## LE CONSEIL PRATIQUE

Si vous n'avez pas l'avantage de connaître à l'avance les coups classiques, retrouvez les à la table en pensant aux mauvais partages.

# TEST N° 22

♠ A R 6
♥ R D 10
♦ A D 10 4 2
♣ 7 4

| | N | |
|---|---|---|
| O | | E |
| | S | |

♠ D V 9
♥ A 8 5
♦ 6 5 3
♣ A R 5 2

## VOUS JOUEZ 6 SA EN SUD

Ouest entame du 10 de ♣.

## QUELLE EST VOTRE LIGNE DE JEU ?

| | | |
|---|---|---|
| 1 | Petit ♦ pour le 10 | |
| 2 | Petit ♦ pour la Dame | |
| 3 | Petit ♦ pour l'As | |

# RÉPONSE

| TEST n° 22 |
|---|
| ① = 10 |
| ② = 20 |
| ③ = 5 |

| | Nord | |
|---|---|---|
| | ♠ A R 6<br>♥ R D 10<br>♦ A D 10 4 2<br>♣ 7 4 | |
| **Ouest**<br>♠ 8 3<br>♥ V 6 2<br>♦ R 9 8 7<br>♣ 10 9 8 3 | N<br>O E<br>S | **Est**<br>♠ 10 7 5 4 2<br>♥ 9 7 4 3<br>♦ V<br>♣ D V 6 |
| | ♠ D V 9<br>♥ A 8 5<br>♦ 6 5 3<br>♣ A R 5 2 | |

Le maniement de couleur classique lorsqu'il manque le Roi et le Valet est la double impasse jusqu'à un total de 8 cartes. Ayant la possibilité d'abandonner une levée, vous vous posez la question suivante :

*Existe-t-il un jeu de sécurité ?*

Si vous commencez par encaisser l'As de ♦, vous serez à la devine si la couleur est bien partagée ! Vous devez donc trouver une autre solution.

Jouez à la 2e levée un petit ♦ vers la Dame.

- Si la Dame est prise du Roi, vous pourrez toujours faire l'impasse au Valet au tour suivant (et gagner avec le partage 3-2).
- Si la Dame fait la levée, rentrez en main et jouez ♦ vers le mort pour capturer Roi-Valet 4e en Ouest.
- Si le Valet tombe sur la Dame, et c'est le cas intéressant, vous gagnerez également en refaisant l'impasse au Roi.

## LE CONSEIL PRATIQUE

Fournissez la Dame dans le but de capturer le Valet sec. Cette manœuvre vous permet de ne pas gaspiller un honneur.

# TEST N° 23

♠ A R D 10 5
♥ R D 5
♦ V 8 2
♣ A 3

N
O E
S

♠ 9 4
♥ A V 10 8
♦ A D 6
♣ R 9 7 5

## VOUS JOUEZ 6 SA EN SUD

Ouest entame du 7 de ♥.

## QUELLE EST VOTRE LIGNE DE JEU ?

| | | |
|---|---|---|
| 1 | Partage des ♠ et impasse à ♦ | |
| 2 | Impasse à ♦ et partage des ♠ | |
| 3 | Impasse à ♦ et impasse à ♠ | |

# RÉPONSE

| TEST n° 23 |
|---|
| ① = 5 |
| ② = 10 |
| ③ = 20 |

| | | |
|---|---|---|
| | ♠ A R D 10 5<br>♥ R D 5<br>♦ V 8 2<br>♣ A 3 | |
| ♠ V 8 7 6 2<br>♥ 7 6<br>♦ 9 5 3<br>♣ V 10 4 | N<br>O E<br>S | ♠ 3<br>♥ 9 4 3 2<br>♦ R 10 7 4<br>♣ D 8 6 2 |
| | ♠ 9 4<br>♥ A V 10 8<br>♦ A D 6<br>♣ R 9 7 5 | |

Avant de tenter un jeu de sécurité, vous devez vous en donner les moyens.

*Voyez-vous comment ?*

En prenant l'entame au mort pour faire immédiatement l'impasse au Roi de ♦. Celle-ci réussit.

*Existe-t-il maintenant un jeu de sécurité à ♠ ?*

Oui, un jeu de sécurité simple, qui consiste, après avoir encaissé l'As de ♠, à rentrer en main pour jouer le 9 de ♠ que vous laissez passer même si Ouest défausse.

## LE CONSEIL PRATIQUE

Donnez-vous le moyen d'assurer vos contrats en tentant d'abord une impasse. Jouez en sécurité si l'impasse réussit.

# TEST N° 24

♠ 8 3
♥ A R D 10 3 2
♦ 8 5 2
♣ 9 8

| | N | |
|---|---|---|
| O | | E |
| | S | |

♠ A D 6
♥ 5 4
♦ D V 7 4
♣ A R 6 2

## VOUS JOUEZ 3 SA EN SUD

Ouest entame du 4 de ♠.

## QUELLE EST VOTRE LIGNE DE JEU ?

| | | |
|---|---|---|
| 1 | Petit ♥ des 2 mains | |
| 2 | Petit ♥ pour le 10 | |
| 3 | As-Roi-Dame de ♥ | |

# RÉPONSE

| TEST n° 24 |
|---|
| ① = 20 |
| ② = 15 |
| ③ = 5 |

| | | |
|---|---|---|
| | ♠ 8 3<br>♥ A R D 10 3 2<br>♦ 8 5 2<br>♣ 9 8 | |
| ♠ R 10 5 4 2<br>♥ V 9 8 7 6<br>♦ A R<br>♣ V | N<br>O E<br>S | ♠ V 9 7<br>♥ —<br>♦ 10 9 6 3<br>♣ D 10 7 5 4 3 |
| | ♠ A D 6<br>♥ 5 4<br>♦ D V 7 4<br>♣ A R 6 2 | |

Si vous avez pensé à faire l'impasse directe au Valet de ♥ vous avez déjà trouvé une bonne ligne de jeu. Mais vous pouvez améliorer encore vos chances.

*Quelle est la meilleure ligne de jeu ?*

Avec 4 levées à ♠ et ♣, 5 levées de ♥ suffisent. N'ayant aucun risque immédiat, vous pouvez perdre une levée à ♥.

*Comment améliorer vos chances ?*

Jouez à la 2e levée un petit ♥ des deux mains. Si les ♥ sont 5-0, en Ouest, Est défaussera et vous n'aurez plus qu'à faire l'impasse au Valet au tour suivant.

*Note* : si vous tombez contre un très fort bridgeur qui fournit le Valet de ♥ à la 2e levée, posez-vous la question suivante : « est-il assez diabolique pour fournir le Valet 5e ? » Si oui, saluez son imagination en lui laissant faire la levée.

## LE CONSEIL PRATIQUE

Donner un coup à blanc ne vous empêche pas de faire une impasse au tour suivant.

# TEST N° 25

♠ A D 10 5
♥ A 10 4 3
♦ 7 2
♣ R D 5

| | N | |
|---|---|---|
| O | | E |
| | S | |

♠ R V 9 8 3
♥ R 8 6 2
♦ A 4
♣ A 10

## VOUS JOUEZ 6 ♠ EN SUD

Ouest entame de la Dame de ♦, prise de l'As. Vous enlevez les atouts adverses (qui sont 2-2), avant d'éliminer les ♣ et les ♦.

## QUELLE EST VOTRE LIGNE DE JEU ?

| | | |
|---|---|---|
| 1 | Roi de ♥ et ♥ vers le 10 | |
| 2 | As de ♥ et ♥ vers le 10 | |
| 3 | Petit ♥ vers le 10 | |

# RÉPONSE

| TEST n° 25 |
|---|
| ① = 10 |
| ② = 10 |
| ③ = 20 |

| | | |
|---|---|---|
| | ♠ A D 10 5<br>♥ A 10 4 3<br>♦ 7 2<br>♣ R D 5 | |
| ♠ 6 2<br>♥ 7<br>♦ D V 10 6 3<br>♣ 9 8 7 4 2 | N<br>O E<br>S | ♠ 7 4<br>♥ D V 9 5<br>♦ R 9 8 5<br>♣ V 6 3 |
| | ♠ R V 9 8 3<br>♥ R 8 6 2<br>♦ A 4<br>♣ A 10 | |

Après avoir procédé à un jeu d'élimination : atouts adverses et les couleurs mineures (défausse du ♦ sur un ♣ du mort et coupe du ♦ du mort), il ne vous reste plus qu'à ne concéder qu'une seule levée à ♥.

*Comment profiter des avantages de l'atout dans le maniement en sécurité des ♥ ?*

Jouez un petit ♥ de Sud et placez le 10 si Ouest fournit petit. Est fait la levée. S'il est singleton à ♥, il est obligé de jouer coupe et défausse. Si Est a deux ou trois ♥, la couleur est bien répartie, et s'il possède quatre cartes dans la couleur, il est obligé de jouer coupe et défausse ou ♥. S'il joue un gros ♥, vous laissez filer vers le mort et la fourchette R-8 vous permettra de faire une impasse et de réaliser les levées restantes. Si Est joue petit, placez le 8.

## LE CONSEIL PRATIQUE

Profitez des avantages de l'atout dans le maniement de sécurité d'une autre couleur.

# RÉSULTATS
# TESTS 21 A 25

Faites le total des points que vous avez obtenu dans les 5 tests précédents.

| VOTRE SCORE | |
|---|---|
| **95 – 100** | Bravo – Votre partenaire a fait un bon choix |
| **de 80 à 90** | Très bon parcours – Continuez |
| **de 65 à 75** | Un bon résultat – Concentrez-vous davantage |
| **de 50 à 60** | Vous êtes sur la bonne voie – soyez plus efficace |
| **– de 50** | Médiocre – Recommencez les tests sur les jeux de sécurité |

# TESTS 26 A 30

## MANIEMENTS DÉLICATS

# TEST N° 26

|  |  |
|---|---|
| ♠ | V 7 2 |
| ♥ | A 9 6 |
| ♦ | 10 9 4 3 |
| ♣ | D 8 5 |

N

O E

S

|  |  |
|---|---|
| ♠ | A D 10 8 4 |
| ♥ | V 3 |
| ♦ | A R D V |
| ♣ | 6 2 |

## VOUS JOUEZ 4 ♠ EN SUD

Ouest entame du 5 de ♥ pour l'As du mort.

## QUELLE EST VOTRE LIGNE DE JEU ?

| | | |
|---|---|---|
| 1 | Petit ♠ pour l'impasse | |
| 2 | Valet de ♠ laissé-passé | |
| 3 | Valet de ♠ et déblocage du 8 | |

# RÉPONSE

| TEST n° 26 | |
|---|---|
| ① = | 10 |
| ② = | 15 |
| ③ = | 20 |

| | | |
|---|---|---|
| | ♠ V 7 2<br>♥ A 9 6<br>♦ 10 9 4 3<br>♣ D 8 5 | |
| ♠ 9<br>♥ D 10 5 2<br>♦ 7 6 5<br>♣ A 10 9 4 3 | N<br>O E<br>S | ♠ R 6 5 3<br>♥ R 8 7 4<br>♦ 8 2<br>♣ R V 7 |
| | ♠ A D 10 8 4<br>♥ V 3<br>♦ A R D V<br>♣ 6 2 | |

Vous comptez trois perdantes en dehors de l'atout. L'As de ♥ est votre seule rentrée au mort.

*Quel ♠ allez-vous jouer ?*

Sans autre reprise que l'As de ♥ vous devez absolument partir du Valet de ♠. Tant pis pour le Roi sec placé, car vous devez gagner si le Roi est 3e en Est.

*Existe-t-il une position gagnante avec le Roi 4e ?*

Il n'y a rien à faire si Est possède Roi-9 quatrièmes. Par contre, si le 9 est sec en Ouest, vous possédez les moyens de capturer le Roi.

*Quelle est la bonne manœuvre ?*

Partez du Valet de ♠ et si Est ne couvre pas, *fournissez le 8 de la main*. Grâce à ce soigneux déblocage, vous pourrez jouer le 7 de ♠ du mort et laisser passer si Est fournit une seconde fois petit. Le 7 faisant la levée, vous pouvez jouer du mort et recommencer l'impasse.

## LE CONSEIL PRATIQUE

Avec un problème de communication, pensez à débloquer une carte intermédiaire.

# TEST N° 27

♠ R 5
♥ 5 2
♦ A V 10 9 6 3
♣ R 7 2

| | N | |
|---|---|---|
| O | | E |
| | S | |

♠ A 8 6
♥ R 8 3
♦ R 7 2
♣ A 8 6 4

## VOUS JOUEZ 3 SA EN SUD

Ouest entame du Valet de ♠.

## QUELLE EST VOTRE LIGNE DE JEU ?

| | | |
|---|---|---|
| 1 | As de ♠ et As-Roi de ♦ | |
| 2 | Roi de ♠ et Valet de ♦ | |
| 3 | As de ♠ et Roi de ♦ et ♦ pour le Valet | |

# RÉPONSE

| TEST n° 27 |
|---|
| ① = 10 |
| ② = 20 |
| ③ = 5 |

| | | |
|---|---|---|
| | ♠ R 5<br>♥ 5 2<br>♦ A V 10 9 6 3<br>♣ R 7 2 | |
| ♠ V 10 9 2<br>♥ A D 7 6<br>♦ 8<br>♣ D 10 5 3 | N<br>O E<br>S | ♠ D 7 4 3<br>♥ V 10 9 4<br>♦ D 5 4<br>♣ V 9 |
| | ♠ A 8 6<br>♥ R 8 3<br>♦ R 7 2<br>♣ A 8 6 4 | |

Sans danger à ♠ et sans problème de communication, ce contrat ne paraît pas trop difficile, surtout lorsque 5 levées à ♦ suffisent.

*Un danger subsiste, lequel ?*

Avec le Roi de ♥ 3e en Sud vous risquez de perdre 4 ou 5 levées à ♥ si Est prend la main et trouve la bonne contre-attaque.

*Le danger est connu, comment y parer ?*

Vous devez empêcher Est de prendre la main. Plongez du Roi de ♠ et jouez à la 2e levée le Valet de ♦ que vous laisserez passez si Est fournit petit.

## LE CONSEIL PRATIQUE

Si la couleur d'entame n'est pas à craindre, vérifiez s'il existe un autre danger avant de fournir la première carte du mort.

# TEST N° 28

♠ 7 6 5 2
♥ A 3
♦ V 10 8
♣ 9 7 6 2

| | N | |
|---|---|---|
| O | | E |
| | S | |

♠ R V 10 4 3
♥ R 9
♦ A R D
♣ A 8 3

## VOUS JOUEZ 4 ♠ EN SUD

Ouest entame du 6 de ♥.

## QUELLE EST VOTRE LIGNE DE JEU ?

| | | |
|---|---|---|
| 1 | As de ♥ et ♠ pour le 10 | |
| 2 | As de ♥ et ♠ pour le Roi | |
| 3 | Roi de ♥ et Roi de ♠ | |

# RÉPONSE

| TEST n° 28 | |
|---|---|
| ① = | 10 |
| ② = | 20 |
| ③ = | 5 |

| | Nord | |
|---|---|---|
| | ♠ 7 6 5 2<br>♥ A 3<br>♦ V 10 8<br>♣ 9 7 6 2 | |
| **Ouest**<br>♠ D<br>♥ V 8 6 2<br>♦ 9 6 5 3<br>♣ R V 10 5 | N<br>O E<br>S | **Est**<br>♠ A 9 8<br>♥ D 10 7 5 4<br>♦ 7 4 2<br>♣ D 4 |
| | ♠ R V 10 4 3<br>♥ R 9<br>♦ A R D<br>♣ A 8 3 | |

La règle lorsqu'il manque l'As et la Dame est de faire l'impasse à la Dame. Mais le manque de communications doit vous faire réfléchir.

*Que devez-vous faire avec une seule rentrée au mort ?*

Recherchons ensemble les positions gagnantes :

- Si les atouts sont 2-2 il est indifférent de placer l'As ou la Dame.
- Si les atouts sont 3-1, en jouant un petit ♠ vers le 10 et l'As vous ne pouvez pas recommencer l'impasse.

Par contre, si après avoir pris l'entame avec l'As de ♥ vous jouez un petit ♠ pour le Roi et que la Dame tombe sèche en Ouest, vos problèmes sont résolus. Vous n'aurez plus qu'à jouer le Valet de ♠ et réaliser 10 levées.

## LE CONSEIL PRATIQUE

Les règles de maniement de couleurs peuvent être modifiées si vous manquez de communications.

# TEST N° 29

| | |
|---|---|
| | ♠ D 10 5 3 |
| | ♥ R D V 5 |
| | ♦ A 5 |
| | ♣ 10 7 3 |
| | N |
| O | E |
| | S |
| | ♠ A 2 |
| | ♥ 10 6 2 |
| | ♦ R 8 6 2 |
| | ♣ R D V 5 |

## VOUS JOUEZ 3 SA EN SUD

Ouest entame du 9 de ♠.
Réfléchissez avant de jouer la 1re carte.

## QUELLE EST VOTRE LIGNE DE JEU ?

| | | |
|---|---|---|
| 1 | 9 de ♠, couvert du 10 | |
| 2 | 9 de ♠, couvert de la Dame | |
| 3 | 3 de ♠ du mort et l'As en Sud | |

# RÉPONSE

| TEST n° 29 |
|---|
| ① = 10 |
| ② = 10 |
| ③ = 20 |

| | | |
|---|---|---|
| | ♠ D 10 5 3<br>♥ R D V 5<br>♦ A 5<br>♣ 10 7 3 | |
| ♠ 9 8 4<br>♥ 8 7 3<br>♦ D 10 4<br>♣ A 8 6 2 | N<br>O E<br>S | ♠ R V 7 6<br>♥ A 9 4<br>♦ V 9 7 3<br>♣ 9 4 |
| | ♠ A 2<br>♥ 10 6 2<br>♦ R 8 6 2<br>♣ R D V 5 | |

L'entame du 9 de ♠ rend la présence du Roi-Valet de ♠ en Est très probable.

*Regardons ensemble* ce qui risque de se passer si vous couvrez le 9 de ♠ avec le 10. Est fournira le Valet, pris de l'As. Maintenant vous êtes obligé de faire sauter un As (♣ ou ♥), et dès qu'Ouest possède un des As, il pourra prendre la main et rejouer le 8 de ♠. Quelle que soit la carte que vous fournirez du mort, vos adversaires feront 5 levées.

*Comment remédier à cette situation ?*

Tout simplement en fournissant un petit ♠ du mort à la première levée.

Maintenant, lorsque Ouest prendra de l'As de ♣ et jouera le 8 de ♠, vous fournirez le 10. Est est en main et la Dame de ♠ du mort vous protège.

## LE CONSEIL PRATIQUE

Pensez avec deux honneurs au mort à ne pas couvrir l'entame afin de stopper l'affranchissement de la couleur adverse.

# TEST N° 30

| | |
|---|---|
| | ♠ A D 6 5 2 |
| | ♥ A R 8 |
| | ♦ A R 5 |
| | ♣ 8 2 |
| | N |
| O | E |
| | S |
| | ♠ 10 3 |
| | ♥ 9 6 3 |
| | ♦ 7 6 4 3 |
| | ♣ A R 7 4 |

## VOUS JOUEZ 3 SA EN SUD

Ouest entame du 2 de ♥ (quatrième meilleure).

## QUELLE EST VOTRE LIGNE DE JEU ?

| | | |
|---|---|---|
| 1 | As de ♠ et ♠ (♠, 3-3) | |
| 2 | Petit ♠ pour la Dame | |
| 3 | Petit ♠ vers le 10 | |

# RÉPONSE

| TEST n° 30 | |
|---|---|
| ① = | 5 |
| ② = | 10 |
| ③ = | 20 |

| | Nord | |
|---|---|---|
| | ♠ A D 6 5 2<br>♥ A R 8<br>♦ A R 5<br>♣ 8 2 | |
| **Ouest**<br>♠ 9 7<br>♥ D 10 5 2<br>♦ D V 8 2<br>♣ V 9 6 | N<br>O E<br>S | **Est**<br>♠ R V 8 4<br>♥ V 7 4<br>♦ 10 9<br>♣ D 10 5 3 |
| | ♠ 10 3<br>♥ 9 6 3<br>♦ 7 6 4 3<br>♣ A R 7 4 | |

Un rapide plan de jeu vous montre que vous devez prendre l'entame et jouer sur l'affranchissement des ♠.

*Quel est le bon maniement de la couleur ?*

Avec 6 levées maîtresses en dehors des ♠, 3 levées suffisent.

*Évitez de gaspiller votre honneur second, le 10,* en tentant l'impasse au Roi. Avancez à la 2e levée un petit ♠ vers le 10. Ce maniement de couleur vous permet de réaliser 3 levées à chaque fois que le Valet se trouve en Est ou le Roi en Ouest. Vous gagnerez également si les ♠ sont 3-3.

## LE CONSEIL PRATIQUE

Le 10 est un honneur important. Tenez-en compte dans votre maniement de couleur.

# RÉSULTATS
# TESTS 26 A 30

Faites le total des points que vous avez obtenu dans les 5 tests précédents.

| VOTRE SCORE | |
|---|---|
| **95 – 100** | Un résultat remarquable pour ce parcours difficile |
| **de 80 à 90** | Bravo – Vous êtes vraiment sur la bonne voie |
| **de 65 à 75** | Très convenable – Prenez votre temps pour jouer |
| **de 50 à 60** | Bien – Soyez néanmoins plus précis dans vos communications |
| **– de 50** | Pas terrible – Attention aux problèmes de communications |

# TESTS 31 A 35

## ENTRAÎNEMENT I

# TEST N° 31

♠ A 8 4
♥ A R 10 9
♦ 6 5 2
♣ 9 8 4

| | N | |
|---|---|---|
| O | | E |
| | S | |

♠ 3
♥ 7 6 3
♦ A R D V 10 7
♣ A R 7

## VOUS JOUEZ 6 ♦ EN SUD

Ouest entame du Roi de ♠, pour l'As du mort.

## QUELLE EST VOTRE LIGNE DE JEU ?

| | | |
|---|---|---|
| 1 | Petit ♥ pour le 9, puis ♥ pour le 10 | |
| 2 | As de ♥ et ♥ vers le 9 | |
| 3 | ♥ pour le 9, As de ♥ et ♥ pour le 10 | |

# RÉPONSE

| TEST n° 31 |
| --- |
| ① = 15 |
| ② = 10 |
| ③ = 20 |

| | | | |
| --- | --- | --- | --- |
| | ♠ A 8 4<br>♥ A R 10 9<br>♦ 6 5 2<br>♣ 9 8 4 | | |
| ♠ R D V 9 2<br>♥ V 8 5 2<br>♦ 3<br>♣ V 10 3 | N<br>O E<br>S | ♠ 10 7 6 5<br>♥ D 4<br>♦ 9 8 4<br>♣ D 6 5 2 | |
| | ♠ 3<br>♥ 7 6 3<br>♦ A R D V 10 7<br>♣ A R 7 | | |

Prenez l'entame avec l'As de ♠. Enlevez les atouts adverses avant de jouer ♥, couleur où vous devez trouver votre 12e levée.

*Comment manier les ♥ ?*

Sans rentrée au mort en dehors de la couleur, ne donnez pas de coup de sonde et jouez un petit ♥ pour le 9. Est prend de la Dame et rejoue ♠ que vous coupez. Maintenant, donnez un coup de sonde en jouant ♥ vers le Roi, rentrez en main ♣ et rejouez ♥.

*Quelle carte devez-vous fournir du mort ?*

Le partage 4-2 étant de loin le plus probable, vous devez faire l'impasse au Valet.

## LE CONSEIL PRATIQUE

Retenez ce maniement : d'abord l'impasse à Dame-Valet, puis coup de sonde et à nouveau l'impasse.

# TEST N° 32

♠ A D 8
♥ V 8 2
♦ A D 8 6 2
♣ 7 3

N
O E
S

♠ R V 10
♥ A 9 7 4 3
♦ R V 10
♣ D 8

## VOUS JOUEZ 4 ♥ EN SUD

Ouest entame de l'As de ♣, continue du Roi de ♣ et rejoue le 6 de ♠.

## QUELLE EST VOTRE LIGNE DE JEU ?

| | | |
|---|---|---|
| 1 | As de ♥ et ♥ | |
| 2 | Valet de ♥ du mort | |
| 3 | Petit ♥ vers le Valet | |

# RÉPONSE

| TEST n° 32 | |
|---|---|
| ① = | 5 |
| ② = | 10 |
| ③ = | 20 |

| | | |
|---|---|---|
| | ♠ A D 8<br>♥ V 8 2<br>♦ A D 8 6 2<br>♣ 7 3 | |
| ♠ 9 7 6 3<br>♥ D 10<br>♦ 7 5 4<br>♣ A R 10 4 | N<br>O E<br>S | ♠ 5 4 2<br>♥ R 6 5<br>♦ 9 3<br>♣ V 9 6 5 2 |
| | ♠ R V 10<br>♥ A 9 7 4 3<br>♦ R V 10<br>♣ D 8 | |

Les adversaires ayant fait les deux premières levées à ♣ vous ne pouvez plus perdre qu'une seule levée à ♥. Le contrat semble compromis, à moins de trouver Roi-Dame de ♥ secs.

*Existe-t-il un meilleur maniement de la couleur ?*

La réponse est oui. Votre meilleure chance est de trouver Dame-10 ou Roi-10 secs en Ouest, ou même le 10 second. Jouez un petit ♥ vers le mort à la 4e levée. Ouest plonge de la Dame et continue à ♠. Prenez de l'As et avancez le Valet de ♥. Si Est couvre, le 10 d'Ouest s'écrasera. S'il ne couvre pas, vous laissez passer.

*Note :* en défense, si vous vous trouvez à la place d'Ouest, pensez à fournir (sans hésiter) le 10 avec Dame-10, Roi-10, ou 10 second. Le déclarant jouera Roi-Dame (4e) chez votre partenaire.

## LE CONSEIL PRATIQUE

Si le contrat est poussé, soyez optimiste et recherchez « la » position gagnante.

# TEST N° 33

| | |
|---|---|
| ♠ | D 8 |
| ♥ | A V 10 7 2 |
| ♦ | V 7 2 |
| ♣ | A D V |

N

O E

S

| | |
|---|---|
| ♠ | R V 7 |
| ♥ | D 6 4 3 |
| ♦ | A R 10 |
| ♣ | R 10 9 |

## VOUS JOUEZ 6 ♥ EN SUD

Ouest entame du 5 de ♠ pour l'As d'Est qui rejoue ♠.

## QUELLE EST VOTRE LIGNE DE JEU ?

| | | |
|---|---|---|
| 1 | Petit ♥ pour le 10 | |
| 2 | Dame de ♥ | |
| 3 | Petit ♥ pour l'As | |

# RÉPONSE

| TEST n° 33 | |
|---|---|
| ① = | 10 |
| ② = | 20 |
| ③ = | 5 |

| | | |
|---|---|---|
| | ♠ D 8<br>♥ A V 10 7 2<br>♦ V 7 2<br>♣ A D V | |
| ♠ 10 6 5 2<br>♥ R 9 8 5<br>♦ 8 6 3<br>♣ 6 4 | N<br>O E<br>S | ♠ A 9 4 3<br>♥ –<br>♦ 9 7 5 4<br>♣ 8 7 5 3 2 |
| | ♠ R V 7<br>♥ D 6 4 3<br>♦ A R 10<br>♣ R 10 9 | |

Est a réalisé la 1re levée avec l'As de ♠. Vous devez faire le reste des levées.

*Quel est le maniement classique des ♥ ?*

A 9 cartes, l'impasse au Roi est obligatoire. Avant de vous précipiter sur les atouts, améliorez vos chances en vous posant la question suivante :

*Quel est l'accident possible ?*

Seul un partage 4-0 des ♥ adverses peut vous mettre en difficulté. Ouest possèderait alors : ♥ R 9 8 5. Présentez à la 3e levée la Dame de ♥. Si Ouest fournit petit, tentez et continuez l'impasse. Si Est couvre, faites la levée de l'As et rentrez en main à ♦ pour jouer un petit ♥ vers le mort. Grâce à cette manœuvre, vous allez capturer 9-8 de ♥ et ne pas perdre de levée.

## LE CONSEIL PRATIQUE

C'est la 2e fois (Test n° 5) qu'il fallait jouer la Dame pour photographier le mauvais partage, après l'impasse au Roi.

# TEST N° 34

| | |
|---|---|
| ♠ | A R 8 7 6 4 |
| ♥ | A D 7 |
| ♦ | R 7 |
| ♣ | R 8 |

N
O E
S

| | |
|---|---|
| ♠ | D 10 3 |
| ♥ | R 10 4 |
| ♦ | A D 3 |
| ♣ | A 10 7 4 |

## VOUS JOUEZ 7 SA EN SUD

Ouest entame du 9 de ♦.

## QUELLE EST VOTRE LIGNE DE JEU ?

| | | |
|---|---|---|
| 1 | Roi de ♦ et As de ♠ | |
| 2 | Roi de ♦ et ♠ pour la Dame | |
| 3 | Roi de ♦ et trois tours de ♥ | |

# RÉPONSE

| TEST n° 34 |
|---|
| ① = 10 |
| ② = 10 |
| ③ = 20 |

| | | |
|---|---|---|
| | ♠ A R 8 7 6 4<br>♥ A D 7<br>♦ R 7<br>♣ R 8 | |
| ♠ V 9 5 2<br>♥ 9 3<br>♦ 9 8 5 2<br>♣ V 9 6 | N<br>O E<br>S | ♠ —<br>♥ V 8 6 5 2<br>♦ V 10 6 4<br>♣ D 5 3 2 |
| | ♠ D 10 3<br>♥ R 10 4<br>♦ A D 3<br>♣ A 10 7 4 | |

7 SA sont sur table si les ♠ ne sont pas partagés 4-0 (10 %). Jouer 7 SA présente un double avantage par rapport à 7 ♠ :

1 – Vous ne risquez pas de coupe d'entrée

2 – Vous pouvez encaisser vos levées maîtresses sans être coupé.

*Comment en profiter ?*

Après la 1re levée à ♦ commencez par tirer trois tours de ♥. Ouest défausse sur le troisième ♥.

*Que devez-vous en conclure ?*

La longueur à ♠ est très probablement en Ouest.

*Vous devez avoir trouvé la bonne manœuvre.* Elle devient lumineuse. Jouez la Dame de ♠, Est défausse, continuez du 10 de ♠. Ce maniement vous permet de capturer tous les ♠ d'Ouest.

## LE CONSEIL PRATIQUE

Dans un grand chelem à SA, encaissez vos levées maîtresses avant de manier la couleur principale.

# TEST N° 35

| | |
|---|---|
| ♠ | R 7 2 |
| ♥ | 6 2 |
| ♦ | A D V 7 6 3 |
| ♣ | 8 5 |

N
O E
S

| | |
|---|---|
| ♠ | A D 6 |
| ♥ | A R 8 |
| ♦ | 5 2 |
| ♣ | D V 10 6 2 |

## VOUS JOUEZ 3 SA EN SUD

Ouest entame du Valet de ♠.

## QUELLE EST VOTRE LIGNE DE JEU ?

| | | |
|---|---|---|
| 1 | Petit ♦ à blanc | |
| 2 | Petit ♦ pour le Valet | |
| 3 | Petit ♦ pour l'As | |

# RÉPONSE

| TEST n° 35 |
|---|
| ① = 20 |
| ② = 15 |
| ③ = 5 |

| | | |
|---|---|---|
| | ♠ R 7 2<br>♥ 6 2<br>♦ A D V 7 6 3<br>♣ 8 5 | |
| ♠ V 10 9 3<br>♥ D 9 5 4<br>♦ 10<br>♣ A 9 4 3 | N<br>O E<br>S | ♠ 8 5 4<br>♥ V 10 7 3<br>♦ R 9 8 4<br>♣ R 7 |
| | ♠ A D 6<br>♥ A R 8<br>♦ 5 2<br>♣ D V 10 6 2 | |

Un seul danger sur cette donne : le risque de rencontrer un problème dans l'affranchissement des ♦.

*Quel est ce risque ?*
Trouver 4 (ou 5) ♦ par le Roi en Est. Si vous commencez par jouer ♦ vers le Valet, un bon adversaire laissera passer et votre contrat sera chuté.

*Que pouvez-vous faire ?*
Comme souvent, c'est une manœuvre très classique que vous devrez utiliser : *le coup à blanc.* Jouez à la 2e levée un petit ♦ des deux mains et le tour est joué. Vérifiez par vous-même, vos adversaires sont sans défense.

## LE CONSEIL PRATIQUE

N'oubliez pas le coup à blanc lorsque vous avez un problème d'affranchissement. C'est souvent un cadeau empoisonné lorsqu'il est offert tout de suite à vos adversaires.

# RÉSULTATS
# TESTS 31 A 35

Faites le total des points que vous avez obtenu dans les 5 tests précédents.

| VOTRE SCORE | |
|---|---|
| **95 – 100** | Excellent résultat – Passez aux tests 36 à 40 |
| **de 80 à 90** | Très bon résultat sur un parcours varié |
| **de 65 à 75** | Bien – Des progrès sont encore possibles |
| **de 50 à 60** | Soyez plus précis dans vos plans de jeux |
| **– de 50** | Tenez compte des conseils pratiques – Recommencez les tests 31 à 35 |

# TESTS 36 A 40

# ENTRAÎNEMENT II

# TEST N° 36

♠ R 10 5
♥ 7 3
♦ A V 9 8 6 2
♣ 6 3

| | N | |
|---|---|---|
| O | | E |
| | S | |

♠ A 9
♥ A R 8 4
♦ D 10 3
♣ D V 7 2

## VOUS JOUEZ 3 SA EN SUD

Ouest entame du 10 de ♣ pour le 3 du mort et le 8 d'Est.

## QUELLE EST VOTRE LIGNE DE JEU ?

| | | |
|---|---|---|
| 1 | Dame de ♣ et impasse ♦ | |
| 2 | Dame de ♣ et ♦ pour l'As | |
| 3 | Petit ♣ à la 1re levée | |

# RÉPONSE

| TEST n° 36 | |
|---|---|
| ① = | 5 |
| ② = | 15 |
| ③ = | 20 |

| | | |
|---|---|---|
| | ♠ R 10 5<br>♥ 7 3<br>♦ A V 9 8 6 2<br>♣ 6 3 | |
| ♠ V 6 4<br>♥ V 5 2<br>♦ 5 4<br>♣ A R 10 9 4 | N<br>O E<br>S | ♠ V 8 7 3 2<br>♥ D 10 9 6<br>♦ R 7<br>♣ 8 5 |
| | ♠ A 9<br>♥ A R 8 4<br>♦ D 10 3<br>♣ D V 7 2 | |

L'entame du 10 de ♣ et le 8 fourni par Est vous indiquent très clairement la position des ♣.

*Quelles conclusions en tirez-vous ?*

As-Roi de ♣ sont en Ouest et Est est probablement doubleton.

*Existe-t-il un risque de chute ?*

Oui, si Est prend la main au Roi de ♦ et rejoue ♣, la défense fera 5 levées. Vous pouvez améliorer la situation en jouant ♦ vers l'As avec l'espoir de capturer le Roi sec en Est.

*Mais n'y a-t-il pas mieux à faire ?*

Vous venez de voir dans le test précédent que le coup à blanc permettait de maintenir vos communications. Ici, utilisez cette arme pour détruire les communications adverses *en fournissant le 2 de ♣ à la 1re levée.* Si Ouest rejoue ♣, il enlève le ♣ de son partenaire, et s'il rejoue une autre couleur, vous avez conservé deux honneurs qui vous protègent (voir test 29).

## LE CONSEIL PRATIQUE

N'ayez pas peur de refuser une levée offerte à l'entame pour assurer votre contrat.

# TEST N° 37

♠ A 10 3
♥ 4
♦ A R 8 7 6 2
♣ 7 6 3

| | N | |
|---|---|---|
| O | | E |
| | S | |

♠ R V 8
♥ R 7 6 2
♦ 5 3
♣ A D 9 2

## VOUS JOUEZ 3 SA EN SUD

Ouest entame du 2 de ♠ (quatrième meilleure).

## QUELLE EST VOTRE LIGNE DE JEU ?

| | | |
|---|---|---|
| 1 | As-Roi de ♦ et ♦ | |
| 2 | Deux fois petit ♦ vers As-Roi | |
| 3 | Petit ♦ vers l'As et petit ♦ du mort | |

# RÉPONSE

| TEST n° 37 |
|---|
| ① = 10 |
| ② = 20 |
| ③ = 15 |

| | Nord | |
|---|---|---|
| | ♠ A 10 3<br>♥ 4<br>♦ A R 8 7 6 2<br>♣ 7 6 3 | |
| **Ouest**<br>♠ D 9 6 2<br>♥ A 8 5 3<br>♦ D 9<br>♣ 8 5 4 | N<br>O E<br>S | **Est**<br>♠ 7 5 4<br>♥ D V 10 9<br>♦ V 10 4<br>♣ R V 10 |
| | ♠ R V 8<br>♥ R 7 6 2<br>♦ 5 3<br>♣ A D 9 2 | |

Fournissez un petit ♠ du mort, et faites la 1re levée avec le Valet. Vous devez jouer sur les ♦ mais un danger vous guette.

*Quel est ce danger ?*

Vous risquez qu'Est soit en main au 3e tour de ♦ et rejoue un honneur à ♥, et que l'As soit 4e en Ouest.

*Comment manœuvrer pour empêcher Est de prendre la main ?*

Il n'y a pas de solution si Est possède 3 cartes à ♦ par la Dame, mais dans les autres cas vous allez gagner en jouant à la 2e levée un petit ♦ de votre main. Si Est fournit petit, vous prenez du Roi et rentrez en main au Roi de ♠.

Jouez une 2e fois ♦ vers le mort. Si Ouest fournit la Dame, comme c'est le cas sur la donne, vous laissez passer et le contrat est gagné.

Si Ouest fournit la Dame à la 1re levée, laissez le en main.

## LE CONSEIL PRATIQUE

Cette manœuvre que vous venez de tenter s'appelle le *baiser à la Reine*. C'est un des plus jolis coups du bridge, et un des plus simples.

# TEST N° 38

| | |
|---|---|
| ♠ | A D 10 |
| ♥ | A 10 6 2 |
| ♦ | R D 10 |
| ♣ | 7 5 2 |

N

O E

S

| | |
|---|---|
| ♠ | 8 3 |
| ♥ | D 8 7 5 3 |
| ♦ | A V 9 3 |
| ♣ | A R |

## VOUS JOUEZ 6 ♥ EN SUD

Ouest entame de la Dame de ♣. (Le Roi de ♠ est en Est)

## QUELLE EST VOTRE LIGNE DE JEU ?

| | | |
|---|---|---|
| 1 | Impasse ♠ et Dame de ♥ | |
| 2 | Impasse ♠ et As de ♥ | |
| 3 | As de ♥ et ♥ | |

# RÉPONSE

| TEST n° 38 | |
|---|---|
| ① = | 20 |
| ② = | 5 |
| ③ = | 10 |

| | | | |
|---|---|---|---|
| | | Nord | |
| | | ♠ A D 10 | |
| | | ♥ A 10 6 2 | |
| | | ♦ R D 10 | |
| | | ♣ 7 5 2 | |
| Ouest | ♠ V 5 4 2<br>♥ R 9 4<br>♦ 6<br>♣ D V 9 4 3 | N / O – E / S | ♠ R 9 7 6<br>♥ V<br>♦ 8 7 5 4 2<br>♣ 10 8 6 |
| | | Sud | |
| | | ♠ 8 3 | |
| | | ♥ D 8 7 5 3 | |
| | | ♦ A V 9 3 | |
| | | ♣ A R | |

Avant de vous intéresser au maniement des atouts, vous devez connaître la place du Roi de ♠.

*Vous commencez par l'impasse au Roi de ♠.*

Est fait la levée et rejoue ♦, votre chelem semble bien compromis.

*Existe-t-il une position miracle ?*

Trouver le Roi sec dans une des deux mains ne résoud pas votre problème.

Regardons ensemble ce qui se passe si le Valet est sec en Est. Partez de la Dame de ♥, Est couvre. Sur l'As, le Valet d'Est tombe. Rentrez en main à ♣ pour tenter l'impasse au 9 de ♥. 12 levées sont réalisées grâce à ce maniement de la dernière chance.

*Note :* Si Ouest avait entamé son singleton à ♦ le contrat aurait chuté.

## LE CONSEIL PRATIQUE

L'impasse ♠ à la 2e levée était la clé du coup. Selon son résultat, il fallait jouer soit la règle, soit la solution miracle.

# TEST N° 39

♠ A 10 8 2
♥ 3
♦ D 10 9 6 2
♣ R 6 2

N
O E
S

♠ V 6 3
♥ R D 5
♦ R V 8 4
♣ A D 9

| VOUS JOUEZ 3 SA EN SUD |
|---|
| Ouest entame du 4 de ♠. |

## QUELLE EST VOTRE LIGNE DE JEU ?

| | | |
|---|---|---|
| 1 | 2 de ♠ et affranchissement des ♦ | |
| 2 | 10 de ♠ et affranchissement des ♦ | |
| 3 | As de ♠ et affranchissement des ♦ | |

# RÉPONSE

| TEST n° 39 | |
|---|---|
| ① = | 10 |
| ② = | 10 |
| ③ = | 20 |

| | | |
|---|---|---|
| | ♠ A 10 8 2<br>♥ 3<br>♦ D 10 9 6 2<br>♣ R 6 2 | |
| ♠ D 9 5 4<br>♥ A 9 6 2<br>♦ 7 3<br>♣ V 8 3 | N<br>O E<br>S | ♠ R 7<br>♥ V 10 8 7 4<br>♦ A 5<br>♣ 10 7 5 4 |
| | ♠ V 6 3<br>♥ R D 5<br>♦ R V 8 4<br>♣ A D 9 | |

Il semble normal de fournir un petit ♠ sur l'entame, mais vous devez, par prudence, réfléchir.

*Que risque-t-il de se passer ?*

Est fait la levée avec un honneur à ♠ et contre-attaque ♥, la faible du mort, pour la Dame et l'As d'Ouest, qui rejoue ♥. Votre contrat est chuté.

*Comment éviter ce scénario catastrophe ?*

Le simple fait de réfléchir sur le danger de fournir un petit ♠ vous donne la solution : *plongez de l'As et jouez* ♦. Cette manœuvre vous permet de conserver une tenue à ♠ tout en réalisant 7 levées mineures, l'As de ♠ et une levée à ♥ (ou à ♠).

## LE CONSEIL PRATIQUE

Gagnez la course à l'affranchissement en prévoyant que le danger peut provenir d'une autre couleur que l'entame.

# TEST N° 40

♠ V 6 4 2
♥ V 5
♦ A V 6 2
♣ R 7 2

| | N | |
|---|---|---|
| O | | E |
| | S | |

♠ D 7 5
♥ D 9 7 6 3
♦ R D 5
♣ A 8

## VOUS JOUEZ 1 SA EN SUD

Ouest entame du 3 de ♣ (quatrième meilleure).

## QUELLE EST VOTRE LIGNE DE JEU ?

| | | |
|---|---|---|
| 1 | As de ♣ et petit ♥ vers le Valet | |
| 2 | Encaisser les mineures avant de sortir à ♣ | |
| 3 | Roi de ♣ et petit ♥ vers le 9 | |

# RÉPONSE

| TEST n° 40 | |
|---|---|
| ① = | 10 |
| ② = | 20 |
| ③ = | 5 |

| | Nord | |
|---|---|---|
| | ♠ V 6 4 2<br>♥ V 5<br>♦ A V 6 2<br>♣ R 7 2 | |
| **Ouest**<br>♠ R 10 9<br>♥ A 10 8<br>♦ 9 8 4<br>♣ D 10 6 3 | N<br>O E<br>S | **Est**<br>♠ A 8 3<br>♥ R 4 2<br>♦ 10 7 3<br>♣ V 9 5 4 |
| | ♠ D 7 5<br>♥ D 9 7 6 3<br>♦ R D 5<br>♣ A 8 | |

Vous jouez le modeste contrat d'1 SA avec 23 points H dans la ligne. Malgré tout il n'a rien d'évident. Il a même été chuté par deux joueurs de 1re série au cours d'un duplicate dans un grand club parisien.

*Pourquoi ont-ils chuté ?*

Tout simplement parce qu'ils n'ont pas pensé à tirer profit de l'indication fournie par l'entame. Le 3 de ♣ (4e meilleure) et la vue du 2 du mort vous permettent de conclure que les ♣ adverses sont 4-4.

*Comment gagner grâce à ce renseignement ?*

En faisant la 1re levée avec l'As de ♣, et en encaissant vos 4 levées à ♦ avant de tirer le Roi de ♣ et de rejouer ♣. Ce sont vos adversaires qui manieront pour vous les couleurs majeures, vous donnant ainsi la précieuse 7e levée.

## LE CONSEIL PRATIQUE

Si vous pouvez laisser vos adversaires manier vos couleurs à votre place, n'hésitez pas. Ce dernier conseil est important car il vous permet de passer à un niveau supérieur dans le jeu de la carte.